Investimento 2021-2022

Guida per principianti al mercato finanziario (azioni, obbligazioni, ETF, fondi indicizzati e REIT - con 101 consigli e strategie di trading)

Libro moderno di finanza personale

Option-Forex Publishing & Russell Future

Introduzione

Vuoi imparare a investire?

Investire può essere un compito scoraggiante. Non è facile sapere da dove cominciare, cosa fare dopo, o quanto tempo e denaro bisogna investire.

Investire nei mercati finanziari può essere un compito scoraggiante per chiunque. Ma non deve esserlo! Questa guida ti insegnerà tutto quello che devi sapere su azioni, obbligazioni, ETF, fondi indicizzati e REIT. Include anche 101 consigli di trading e strategie che ti aiuteranno a rendere la tua esperienza d'investimento di maggior successo.

Impara le basi dell'investimento in questo libro in modo che quando arriva il momento di prendere decisioni sui tuoi investimenti, avrai un'idea di quello che succede dietro le quinte.

Con questa guida al tuo fianco, saprai sempre cosa sta succedendo sul mercato e come approfittare al meglio delle opportunità che si presentano.

Che si tratti di risparmi per la pensione o solo di denaro extra a portata di mano - ti mostreremo come iniziare a investire oggi! E se ci sono domande lungo la strada?

Tabella dei contenuti

Disclaimer

L'autore e l'editore di questo libro non sono consulenti professionali. Lei rimane l'unico responsabile per qualsiasi danno subito seguendo consigli o seguendo informazioni su questo sito. Le informazioni contenute in questo libro includono l'opinione personale dell'autore; non sono consigli di investimento e hanno il solo scopo di essere informativi ed educativi. Attenzione: Investire comporta dei rischi, potreste perdere il vostro deposito (in parte).

Newsletter

Vuoi fare di più con i tuoi soldi?

L'Investing 2021-2022 email newsletter è una newsletter settimanale che fornisce ai lettori consigli e strategie di trading, azioni, obbligazioni, ETF, fondi indicizzati, REITs opzioni futures criptovalute e altro.

Ci impegniamo a fornire ai nostri lettori le migliori, oneste e trasparenti informazioni disponibili affinché possano investire saggiamente.

Molto presto riceverai il primo numero della newsletter via email Investing 2021-2022. È gratuita al 100%, quindi non c'è nulla che ti trattenga dal provarla!

Puoi cancellarti in qualsiasi momento se non ti piace quello che ti mandiamo o se hai solo bisogno di una pausa da noi. Nessuna domanda!

Ci auguriamo che dopo aver letto le nostre e-mail sarete in grado di approfittare delle opportunità prima che accadano e di rimanere in cima a tutte le ultime notizie sugli investimenti. Siamo qui per aiutarti a rendere il tuo viaggio di investimento il più facile possibile!

Iscriviti subito. Iscriviti alla nostra newsletter usando questo link!

https://campsite.bio/stellarmoonpublishing

Investire per principianti

Un modo molto popolare di investire che copriamo particolarmente in questo libro è l'investimento in azioni o obbligazioni. Anche gli **ETF** e i **fondi indicizzati** sono coperti.

Iniziare a investire in questo modo è un passo per molte persone che non hanno esperienza in questo campo. Ma al giorno d'oggi investire in azioni o obbligazioni è diventato molto accessibile e facile. Imparare a investire non è più così difficile e molto più facile di quanto non fosse circa 10-20 anni fa.

Investire per i principianti non è difficile al giorno d'oggi. Investire in **ETF** buoni, economici e ampiamente diversificati è accessibile a tutti. E sapete che questo ha prodotto rendimenti medi di circa il **6-7% all'anno negli** ultimi decenni?

Attraverso i broker di oggi, è già possibile investire in più di 3.000 azioni a livello globale senza commissioni di transazione investendo in un singolo ETF.

Cos'è un ETF?

Un ETF è un Exchange Traded Fund. Un ETF è un fondo che viene scambiato in borsa.

Un ETF è un fondo comune che cerca di ottenere esattamente lo stesso rendimento e rischio di un particolare **indice del mercato azionario**. Esempi di un indice di mercato azionario sono l'S&P500 e l'MSCI World Index.

Gli ETF investono nelle stesse azioni o obbligazioni che appaiono nell'indice. Lo fanno nella stessa proporzione in cui sono inclusi nell'indice. Poiché un ETF ha la stessa composizione dell'indice, l'andamento del valore del fondo segue anche quello dell'indice.

Questo metodo d'investimento è anche conosciuto come investimento passivo. Questo perché l'indice viene seguito passivamente e non c'è un tentativo attivo di batterlo. Quest'ultimo, tra l'altro, praticamente nessun fondo d'investimento attivo ha successo a lungo termine.

Il costo dell'investimento in un ETF è spesso relativamente basso, soprattutto rispetto ai fondi comuni di investimento a gestione attiva. Di conseguenza, l'investimento in ETF sta guadagnando un'enorme popolarità.

Cos'è un indice di borsa?

Un indice di borsa è la media dei prezzi dei titoli, come azioni o obbligazioni, che compongono l'indice di borsa. Un indice di borsa è una misura dell'umore del mercato azionario.

Cos'è l'indice MSCI World?

L'indice MSCI World Index le 1650 aziende più grandi per capitalizzazione di mercato (vedi sotto) da 23 paesi sviluppati. I mercati emergenti, tra cui per esempio il gigante della crescita Cina, non partecipano. Il 60% degli investimenti all'interno di questo indice sono in società statunitensi.

Quindi, se misurato rispetto al mercato globale, dove gli Stati Uniti rappresentano poco meno del 50% della capitalizzazione di mercato, gli Stati Uniti sono abbastanza sovrarappresentati.

Poiché solo le 1650 aziende più grandi misurate per capitalizzazione di mercato sono tracciate, le piccole aziende sono appena rappresentate. La capitalizzazione di mercato media dell'indice MSCI World è di 18,2 miliardi, con la società più piccola che ha una capitalizzazione di mercato di 435 milioni di euro.

L'indice ha solo lo 0,14% di esposizione alle capitalizzazioni di mercato più piccole.

Tipi di indici di borsa

Gli indici possono essere composti in diversi modi. Ci sono indici che includono ed escludono i dividendi. Inoltre, lo stesso indice può esistere in diverse valute, come il dollaro o l'euro. Ci sono esattamente le stesse azioni nell'indice in entrambi i casi. L'unica differenza è che il rendimento è calcolato in due valute diverse.

Ci sono anche molti indici per le obbligazioni, per esempio per i titoli di stato o le obbligazioni societarie o per le obbligazioni con una certa scadenza.

Cos'è la capitalizzazione di mercato?

La capitalizzazione di mercato è il valore totale delle azioni di una società secondo il suo prezzo delle azioni. La capitalizzazione di mercato è chiamata anche capitalizzazione di mercato. Si può calcolare la capitalizzazione di mercato moltiplicando il numero di azioni in circolazione per il prezzo di mercato.

Quali sono i costi di un ETF?

Il costo dell'investimento in un ETF consiste in costi del fondo (TER, costi interni di transazione), costi fiscali (dividend leakage) e commissioni di intermediazione.

Commissioni dei fondi ETF

Un ETF è emesso da una casa di fondi, come **Vanguard** o **iShares**. La casa del fondo addebita delle commissioni annuali. Questo è spesso indicato come la tassa del fondo. Queste commissioni del fondo consistono in alcune voci diverse.

Commissioni dei fondi ETF: TER

La voce più nota delle spese dei fondi è il TER. Cos'è il TER? È l'abbreviazione di Total Expense Ratio. Include gli stipendi dei gestori dei fondi, le spese di marketing, le spese contabili e legali.

Il noto ETF **VWRL** di Vanguard ha un TER dello 0,22% all'anno. Quindi, per ogni 100 dollari/euro che investite in VWRL, dovete rimettere 22 centesimi all'anno a Vanguard per aver messo a disposizione il fondo. Non devi rimettere questi 22 centesimi a Vanguard, non devi fare nulla per rimetterli. Queste commissioni si riflettono automaticamente nel prezzo dell'ETF.

Il TER di un ETF può essere trovato nel foglio informativo o nelle informazioni chiave per gli investitori, che sono obbligatoriamente disponibili per ogni ETF.

Commissioni del fondo ETF: commissioni di transazione interne

Un ETF azionario deve occasionalmente comprare o vendere azioni per seguire correttamente l'indice che l'ETF imita. In genere, questi costi sono intorno allo 0,03% all'anno. Questi costi non fanno normalmente parte del TER. Questi costi sono anche automaticamente incorporati nel prezzo del fondo.

I costi interni di transazione sono più difficili da trovare. A volte sono menzionati nella relazione annuale di un ETF. La regola dello 0,8% * tasso di rotazione del portafoglio è spesso usata per stimare i costi di transazione.

Reddito da prestito di titoli

Gli ETF spesso prendono in prestito i titoli sottostanti per recuperare parte dei costi del fondo. Per VWRL, i rendimenti annuali di questo prestito sono dello 0,007%. Si potrebbero sottrarre questi rendimenti dalle spese del fondo per calcolare le spese nette del fondo, ma non fa molta differenza perché i rendimenti sono così bassi.

Costi fiscali dell'ETF

Le azioni che compongono un ETF spesso pagano dividendi una o poche volte all'anno. A seconda del paese di residenza della società che ha emesso le azioni, viene trattenuta una quantità di imposta sui dividendi. Parte di questo costo fiscale è spesso recuperabile e parte no.

Questa parte non recuperabile è nota anche come dividend leakage. In genere, la perdita di dividendi è di circa lo 0,3% all'anno per un ETF di investimento diversificato globale. Lo stesso vale per VWRL.

Puoi investire in un ETF attraverso una banca o un broker. Un certo numero di piattaforme ti permette di investire nell'ETF diversificato a livello mondiale VWREL senza commissioni di broker o di banca.

Cos'è un fondo indicizzato?

Un fondo indicizzato è un fondo comune che cerca di ottenere esattamente lo stesso rendimento e rischio di un particolare **indice del mercato azionario**. Il fondo lo fa imitando quell'indice. I fondi indicizzati investono nelle stesse azioni o obbligazioni che appaiono nell'indice. Lo fanno nella stessa proporzione in cui sono inclusi nell'indice.

Poiché un fondo indicizzato ha la stessa composizione dell'indice, lo sviluppo del valore del fondo segue anche lo sviluppo del valore dell'indice.

Cos'è un ETF?

Un ETF è un Exchange Traded Fund ed è un fondo d'investimento che cerca di ottenere esattamente lo stesso rendimento e rischio di un particolare **indice del mercato azionario**.

Qual è la differenza tra un fondo indicizzato e un ETF?

I termini ETF e fondo indicizzato sono spesso usati per lo stesso tipo di fondo. Ufficialmente, ci sono differenze tra un fondo indicizzato e un ETF. Un fondo indicizzato può essere scambiato una volta al giorno. Il prezzo è determinato sulla base del Net Asset Value (NAV) alla fine del giorno di negoziazione. Un ETF può essere scambiato durante tutta la giornata di negoziazione. Il prezzo è determinato sulla base di un prezzo di domanda e di offerta.

Cos'è un tracker?

Un tracker è un fondo comune che cerca di ottenere esattamente lo stesso rendimento e rischio di un particolare **indice del mercato azionario**. Il termine tracker è spesso usato sia per un fondo indicizzato che per un ETF.

Cos'è un fondo comune gestito attivamente?

Un fondo comune gestito attivamente è un fondo comune che cerca di battere il mercato. Questo è spesso fatto con l'aiuto di costosi gestori di fondi e team di ricerca. Lo fanno ad un costo medio di circa l'1-2% all'anno.

È stato scientificamente provato che a lungo termine, questo riesce a malapena, se non del tutto. I fondi indicizzati gestiti passivamente tracciano un indice a circa lo 0,05-0,4% di costo. Di conseguenza, forniscono quasi sempre un rendimento netto più alto dei fondi comuni gestiti attivamente nel lungo termine.

Un fondo indicizzato è un fondo comune che, come un ETF, cerca di ottenere esattamente lo stesso rendimento e rischio di un particolare **indice del mercato azionario**. Il fondo lo fa imitando quell'indice.

Alcuni degli aspetti che rendono un fondo indicizzato un buon fondo indicizzato sono:

1. Basso costo

L'effetto dei costi più alti è molto sottovalutato da molti.

"Solo" lo 0,1% di costo aggiuntivo può non sembrare molto. Ma se si investe per 30 anni con il rendimento storico del mercato azionario negli ultimi decenni del 7% all'anno, quello 0,1% non si traduce in 30 * 0,1% = 3% di rendimento in meno ma in ben il 21% di rendimento in meno rispetto al vostro deposito.

Questo funziona come segue: Con 100.000$/euro che investono per 30 anni con un rendimento del mercato azionario del 7% all'anno, dopo 30 anni l'investitore ha 761.225$/euro. Con lo 0,1% di commissioni, ciò significa un rendimento del 6,9%.

Dopo 30 anni, sono 740.169 euro. Una differenza di rendimento di oltre 21.000 euro sul deposito di 100.000 euro con solo lo 0,1% di costi aggiuntivi! Quindi si tratta di un enorme 21% di rendimento in meno invece del 3% di rendimento in meno rispetto al tuo deposito.

Oltre alle commissioni applicate dal fondo indicizzato stesso, le commissioni di

transazione, le commissioni di custodia e
simili giocano un ruolo importante.

2. Diffusione globale.

Alcune persone non vogliono dipendere dalla
buona o cattiva performance di una singola
azienda. Nemmeno da un settore specifico di
aziende. Nemmeno da aziende che operano in
un paese specifico. Nemmeno da aziende che
operano in uno specifico continente.

La quota degli Stati Uniti nella crescita
dell'economia mondiale sta cominciando ad
essere rilevata dalle economie asiatiche in
crescita. Prevedere dove la crescita si
verificherà o vacillerà è impossibile.

Pertanto, può essere saggio investire il più
ampiamente possibile, diversificato a livello
globale in tutti i settori.

3. Replica fisica.

Alcune persone investono solo in fondi
indicizzati che hanno effettivamente le azioni e
le obbligazioni sottostanti nel loro portafoglio.
Questi tipi di fondi indicizzati sono anche
chiamati fondi indicizzati con replica fisica.

Alcune persone non investono in fondi indice che replicano le posizioni azionarie o obbligazionarie che dovrebbero essere nell'indice attraverso costruzioni vaghe come i derivati. Si tratta di fondi indicizzati con replica sintetica, che avvantaggiano soprattutto gli emittenti e le banche stesse.

4. Perdita minima di dividendi.

A seconda del paese di residenza di un fondo e degli accordi fiscali che il paese in questione può aver fatto o meno con il vostro paese di residenza, pagherete più o meno tasse sui vostri dividendi.

In media, devi affrontare circa lo 0,1-0,2% di costi sul tuo capitale investito nei fondi indicizzati azionari. Questo perché non è possibile recuperare parte dell'imposta sui dividendi trattenuta dal fondo al fisco. Questo è chiamato **dividend leakage**.

5. Un fondo deve essere grande ed efficiente

Vanguard Total International Stock ETF (VXUS) e Vanguard Total Stock Market ETF (VTI) è un fondo azionario che vale la pena considerare nel vostro portafoglio.

Combinando VXUS con VTI nel rapporto 1:1, si ha la stessa esposizione al mercato azionario globale come se si prendesse il Vanguard Total World Stock ETF (VT). Ma con circa lo 0,3% di rendimento in più all'anno!

Questo può variare ad un rendimento medio del 7% invece del 6,7% all'anno per costi di oltre 61.000 euro di rendimento in 30 anni per 100.000 euro di patrimonio investito!

Come può essere?

VT ha un costo dello 0,14% all'anno e sottoperforma l'indice di circa lo 0,24% all'anno. VTI ha un costo dello 0,05% e sovraperforma l'indice dello 0,02%. VXUS ha un costo dello 0,13% e sovraperforma l'indice dello 0,03%.

Questo perché VT è un fondo ancora più piccolo (9 miliardi di dollari di asset in gestione) di VTI (460 miliardi di dollari di asset in gestione) e VXUS (219 miliardi di dollari di asset in gestione). Questo permette a VTI e VXUS di essere molto più efficienti in termini di costi. Quindi tracciano l'indice ampiamente riconosciuto in modo più che accurato. In gergo tecnico, hanno un basso tracking error.

La dimensione di un fondo determina anche la sua liquidità, o a quale costo il fondo può essere comprato e venduto. Un ETF liquido di solito ha un patrimonio in gestione di 1 miliardo di euro o più e quindi ha piccoli **spread**.

6. Il fondo indicizzato deve seguire accuratamente un indice ampiamente riconosciuto

Il fondo indicizzato Think Global Equity UCITS ETF è un esempio di fondo indicizzato alternativo azionario globale. Tuttavia, questo fondo indice ha un elevato tracking error. Inoltre, traccia un indice che non è ampiamente riconosciuto. Esso segue un indice creato dall'emittente stesso, ovvero il Think Global Equity Index.

Rispetto a questo indice, il fondo ha un pesante tracking error di circa l'1,2% all'anno. Tuttavia, è un fondo che non soffre di perdita di dividendi, il che è vantaggioso. I costi annuali sono ragionevoli allo 0,2%.

Qual è la differenza tra un fondo indicizzato e un ETF?

I termini ETF e fondo indicizzato sono spesso usati per lo stesso tipo di fondo. Ufficialmente, ci sono differenze tra un fondo indicizzato e un ETF. Un fondo indicizzato può essere scambiato una volta al giorno. Il prezzo è determinato sulla base del valore intrinseco (chiamato anche Net Asset Value o NAV) alla fine della giornata di trading. Un ETF può essere scambiato durante tutta la giornata di negoziazione. Il prezzo è determinato da un prezzo bid e ask.

Cos'è un tracker?

Un tracker è un fondo comune che cerca di ottenere esattamente lo stesso rendimento e rischio di un particolare **indice del mercato azionario**. Il termine tracker è spesso usato sia per un fondo indicizzato che per un ETF.

Cos'è un fondo comune gestito attivamente?

Un fondo comune gestito attivamente è un fondo comune che cerca di battere il mercato. Questo è spesso fatto con l'aiuto di costosi gestori di fondi e team di ricerca. Lo fanno ad un costo medio di circa l'1-2% all'anno. È stato scientificamente dimostrato che questo ha poco o nessun successo a lungo termine. I fondi indicizzati gestiti passivamente tracciano un indice a circa lo 0,05-0,4% di costo. Di conseguenza, forniscono quasi sempre un rendimento netto più alto dei fondi comuni gestiti attivamente nel lungo termine.

Cos'è la diffusione?

Lo spread è la differenza tra il prezzo d'offerta e il prezzo di richiesta di una particolare azione o altro titolo. Se si vuole vendere un'azione in borsa, si ottiene il prezzo di offerta per essa. Se vuoi comprare un'azione, paghi il prezzo di domanda. Il prezzo di domanda è leggermente più alto del prezzo di offerta. La differenza tra i due è lo spread.

Puoi pensare allo spread come parte dei tuoi costi di transazione.

Più un particolare stock è scambiato, più piccolo è lo spread.

Per l'indipendenza finanziaria, l'**investimento a lungo termine è** una strategia collaudata. A lungo termine, lo spread ha poco impatto sul risultato dell'investimento. Questo perché è un costo una tantum all'acquisto che non si ripete annualmente.

Significato degli investimenti

L'investimento è una forma di investimento in cui si impegna il denaro per un periodo di tempo più o meno lungo con l'obiettivo di ottenere un beneficio finanziario in futuro. Si può pensare che sia come rinunciare a certe somme di denaro in cambio di un reddito incerto in futuro.

Cos'è un'azione e cos'è un'obbligazione?

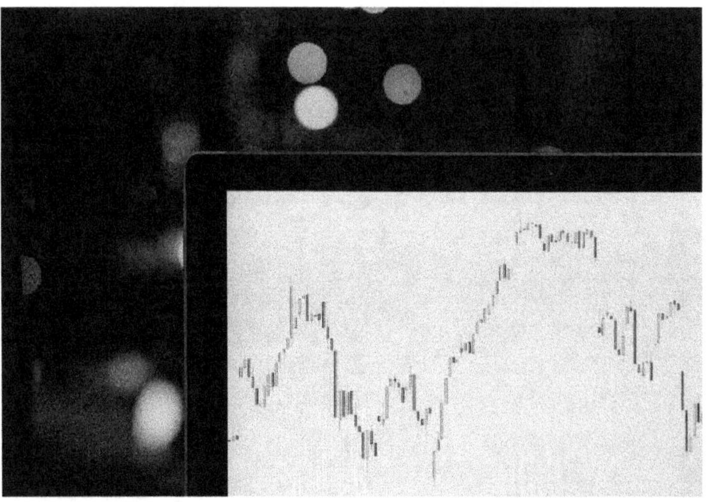

Investire in azioni

Un'azione in una società è un titolo che dà alcuni diritti rispetto alla società. Sei diventato una specie di comproprietario dell'azienda. Per esempio, puoi avere voce in capitolo negli affari della società attraverso l'assemblea degli azionisti. E hai anche diritto a una parte dei profitti della società, spesso pagati sotto forma di **dividendi**. Un'azione non produce interessi.

Investire in obbligazioni

Un'obbligazione è la prova che, per esempio, un governo o una società ha un debito verso il proprietario dell'obbligazione. Questo debito è stato creato perché il proprietario dell'obbligazione ha fatto un prestito al governo o alla società.

Se un governo o una società ha bisogno di soldi per un investimento, per esempio, può ottenere il finanziamento emettendo un'obbligazione.

Un'obbligazione di solito ha una certa durata. Alla fine del termine, l'emittente dell'obbligazione rimborsa il debito alla persona che possiede l'obbligazione.

Durante la durata, il proprietario dell'obbligazione riceve gli interessi sul debito. Se un'obbligazione ha una scadenza di diversi anni, il proprietario dell'obbligazione di solito riceve pagamenti annuali di interessi.

Investire in obbligazioni. Perché dovreste? E in quali obbligazioni?

2021: Con gli attuali bassi tassi d'interesse, mettere i soldi nei depositi è preferito da alcune persone.

Investire in obbligazioni - spiegazioni e consigli

Le obbligazioni abbassano il rischio

Assumere un rischio limitato con gli investimenti è una buona scelta, e le obbligazioni di buona qualità forniscono meno rischi delle azioni. Si vogliono obbligazioni di qualità almeno **investment grade** nel proprio portafoglio per abbassare il rischio.

Un'allocazione fissa di azioni/obbligazioni in un portafoglio può essere intelligente. Questa allocazione è spesso basata sul rischio. La propensione al rischio diminuisce con l'età, perché molti investitori seri vogliono essere in grado di vivere dei loro guadagni nel tempo. Vendere durante un crollo del mercato azionario è anche meno rilevante per le obbligazioni.

Suggerimento: usa la tua età come percentuale delle obbligazioni nel tuo portafoglio. Man mano che si invecchia ci si avvicina alla fase di ritiro del portafoglio. Durante la fase di ritiro, vuoi vivere in parte del rendimento del tuo portafoglio e in parte dell'espansione del portafoglio.

Eppure può essere vantaggioso non avere più del 50% di obbligazioni in portafoglio. Con meno del 50% di azioni in un portafoglio si hanno troppo poche possibilità di rendimento e con un massimo del 50% di azioni durante la fase di ritiro il rischio rimane accettabile.

I legami forniscono stabilità

Volatilità

Una seconda ragione: Assicurarsi che la volatilità del portafoglio non sia troppo grande.

La volatilità del portafoglio è anche conosciuta come volatilità. Le azioni sono un eccellente investimento a lungo termine. Ma a breve termine possono essere molto volatili.

Durante il crollo del mercato azionario del 2008, molti investitori hanno imparato che non vogliono mettere tutto il loro patrimonio esclusivamente in azioni. Guardare il 40% di un bene serio evaporare e non sapere quando il declino si ferma e segue il recupero è troppo per molte persone.

Con le sole azioni, la volatilità può essere troppo grande e stressante.

Le obbligazioni sono molto meno volatili delle azioni. Per esempio: I titoli di stato americani a cinque anni non sono mai scesi più del 5% all'anno dal 1926. Inoltre, il valore non è mai stato sotto il massimo precedente per più di due anni.

Anticorrelazione

In particolare, i titoli di stato hanno poca o nessuna correlazione, o coerenza, con le azioni. O addirittura hanno un'anti-correlazione. Cioè, il prezzo dei titoli di stato si muove poco o per niente con il prezzo delle azioni, o addirittura nella direzione opposta. Se il prezzo delle azioni sale, il prezzo dei titoli di stato può scendere.

Le obbligazioni societarie sono più correlate con le azioni rispetto ai titoli di stato, in particolare durante i cali del mercato azionario.

Attualmente, i titoli di stato hanno una correlazione negativa, il che significa che aumentano di valore non appena le azioni scendono. I titoli di Stato in particolare possono quindi essere utilizzati per stabilizzare un portafoglio azionario.

Usare le obbligazioni per riequilibrare

In terzo luogo, gli investitori usano le obbligazioni per riequilibrare.

Per esempio, quando i prezzi delle azioni scendono bruscamente, vendono obbligazioni e comprano azioni. O il contrario. In questo modo, il rapporto azioni/obbligazioni rimane adeguato alla loro propensione al rischio.

Il riequilibrio, tuttavia, non fornisce rendimenti aggiuntivi.

Quindi non c'è bisogno di ribilanciare per ottenere rendimenti extra. Ma il riequilibrio è necessario se vuoi mantenere il profilo di rischio del tuo portafoglio in linea con la tua propensione al rischio.

Obbligazioni: ritorno

Rendimento

Con le obbligazioni si ha a che fare con diverse scadenze. Un'obbligazione può avere una durata di mesi fino a più di 30 anni.

A seconda della durata, viene pagato un tasso d'interesse. Questo tasso d'interesse è chiamato anche rendimento. Il rendimento indica quanto si riceve in interessi se si tiene un'obbligazione per 1 anno.

Le scadenze più lunghe generalmente pagano un tasso d'interesse più alto sull'obbligazione rispetto alle scadenze più brevi. A scadenze più lunghe, c'è più rischio di inflazione. Per compensare questo maggior rischio, il tasso d'interesse è più alto a scadenze più lunghe.

Rendimento alla scadenza

Yield to maturity (abbreviato YTM), o rendimento alla scadenza, è una misura utile per confrontare i rendimenti delle obbligazioni con diverse scadenze. L'YTM è solitamente rappresentato come un tasso di interesse annualizzato.

A differenza del rendimento, YTM prende anche in considerazione il valore attuale dei futuri pagamenti degli interessi di un'obbligazione. Per ulteriori informazioni di base e la formula che lo accompagna, potete andare **qui**, per esempio.

Curva dei rendimenti

Il rendimento dell'interesse rispetto alla scadenza tracciata in un'immagine dà la cosiddetta curva di rendimento di un'obbligazione. Ecco la curva di rendimento per i titoli di stato americani:

L'asse x mostra la scadenza delle obbligazioni in anni (y = anno), l'asse y il tasso di interesse corrispondente. L'immagine mostra una curva crescente man mano che la scadenza diventa più lunga. Questo è comune ed è chiamato una curva di rendimento crescente.

Occasionalmente si ha a che fare con una curva dei rendimenti che è inclinata verso il basso. Questo di solito dura solo un breve periodo e viene chiamato curva dei rendimenti invertita.

Qui anche la curva dei rendimenti per i titoli di stato europei della più alta qualità (AAA) così com'è:

L'aumento dei tassi d'interesse fa scendere i prezzi delle obbligazioni

I rischi che si affrontano nel detenere obbligazioni sono principalmente che il prestito non sarà rimborsato e che il prezzo scenderà con l'aumento dei tassi d'interesse.

Comprando obbligazioni di buona qualità, per esempio almeno investment grade, si riduce il rischio che il prestito non venga rimborsato.

Il rischio di aumento dei tassi d'interesse funziona come segue:

Supponiamo che abbiate un'obbligazione con un tasso d'interesse del 4% e una scadenza di 5 anni. Ora il tasso d'interesse di mercato sale dal 4% al 5%. Anche le obbligazioni di nuova emissione pagheranno un interesse del 5% invece che del 4%. Per esempio, ora puoi comprare un'obbligazione con un tasso d'interesse del 5% e una scadenza di 5 anni. L'obbligazione con un tasso d'interesse del 4% che avevi già vale meno.

Questo calo di prezzo è proporzionale alla scadenza media della tua obbligazione. Per esempio, se la tua obbligazione ha una scadenza di 5 anni, allora un aumento dell'1% del tasso di interesse dà una diminuzione di circa 1% * 5 = 5% del prezzo dell'obbligazione.

Potete quindi ridurre il rischio di svalutazione dovuto all'aumento dei tassi d'interesse accorciando la scadenza delle vostre obbligazioni.

Solo una nota a margine: fondo obbligazionario o obbligazioni singole quando i tassi di interesse salgono?

Per rendersi immune ai cali di prezzo della sua obbligazione dovuti agli aumenti dei tassi d'interesse, può tenerla fino alla fine del termine. Poi ti viene pagato il valore nominale e nel frattempo hai appena ricevuto i pagamenti degli interessi.

Tuttavia, con una curva dei rendimenti in aumento, come quella attuale, ha più senso tenere un fondo obbligazionario con una scadenza media fissa piuttosto che separare le obbligazioni e tenerle fino alla scadenza. Questo offre più rendimento. Vedi **questo interessante studio di Kitces** per i dettagli.

Obbligazioni o risparmi come componente stabile del suo portafoglio?

Conto di risparmio = obbligazione con scadenza a 0 anni

Si potrebbe considerare un conto di risparmio liberamente prelevabile in una banca olandese un po' come un'obbligazione a bassissimo rischio con una scadenza di 0 anni. Un titolo di stato olandese o tedesco potrebbe essere considerato come un'obbligazione a rischio molto basso. Il tasso d'interesse sul conto di risparmio liberamente prelevabile nei Paesi Bassi si adatta a questo ed è attualmente intorno allo 0-0,35%.

Più lungo termine = più ritorno

I depositi sono conti di risparmio con scadenze fisse e più lunghe. I tassi d'interesse sono quindi generalmente più alti di quelli di un conto di risparmio liberamente prelevabile.

Si potrebbe dire che questi sono più a destra della curva dei rendimenti che un conto di risparmio liberamente prelevabile, che è a sinistra della curva dei rendimenti.

Deposito = non flessibile, obbligazione = flessibile

Tuttavia, di solito si è legati a quel deposito per la durata del deposito. Acquistando una **scala di depositi** (un numero di depositi con scadenze crescenti, per esempio uno di 0,5 anni, uno di 1 anno, uno di 2 anni, etc.) si diventa più flessibili, ma si è ancora meno flessibili che con le obbligazioni liberamente negoziabili.

Un vantaggio di un fondo obbligazionario rispetto a un deposito (ladder) è che puoi venderlo in qualsiasi momento, per esempio per riequilibrare quando le azioni scendono o salgono bruscamente.

Conto di risparmio temporaneo o depositi al posto delle obbligazioni?

Tuttavia, con gli attuali (2021) bassi rendimenti c'è certamente qualcosa da dire per mettere la parte stabile del vostro portafoglio (in parte) come denaro in deposito o su un conto di risparmio. In questo modo non correte (o meno) il rischio di una caduta del prezzo del vostro fondo obbligazionario quando i tassi di interesse di mercato salgono.

Pertanto, questo può essere una grande alternativa alle obbligazioni.

La considerazione personale può farvi preferire le obbligazioni.

Investire costantemente in obbligazioni invece di investire temporaneamente (in parte) in risparmi ha il vantaggio per molte persone di non doversi preoccupare del market timing.

Le domande a cui queste persone devono altrimenti rispondere da sole sono: "Quando esco dai risparmi e torno alle obbligazioni? E quando esco dalle obbligazioni e torno a risparmiare? Questo può causare ansia.

Anche il fatto che le obbligazioni siano liberamente negoziabili può essere interessante. Una volta che si vuole riequilibrare, si può anche farlo. A seconda della scadenza di eventuali depositi, il denaro potrebbe non essere disponibile (immediatamente) per riequilibrare.

Alcune altre considerazioni che possono essere a favore dei risparmi/depositi e delle obbligazioni:

- Le obbligazioni di qualità investment grade con scadenza media rendono facilmente 2 volte tanto gli interessi dei risparmi liberamente ritirabili.

- Un conto di risparmio o un deposito non comporta costi di transazione; un fondo obbligazionario può avere costi di transazione.

- Non appena i prezzi delle azioni scendono bruscamente, i prezzi dei titoli di stato sicuri, in particolare, di solito salgono. La gente fugge verso i cosiddetti paradisi sicuri. Se poi si vendono i titoli di stato e si usa il ricavato per comprare azioni, in modo che il rapporto tra azioni e obbligazioni corrisponda di nuovo alla propria propensione al rischio, si ottiene un rendimento maggiore dalla vendita. Non si ottiene questo rendimento maggiore da un conto di risparmio, perché non aumenta di valore non appena le azioni diminuiscono di valore.

Investire in obbligazioni - quale scegliere?

Le obbligazioni societarie possono essere migliori dei titoli di stato perché in genere danno rendimenti leggermente più alti dei titoli di stato per lo stesso profilo di rischio, come indicato nelle Informazioni chiave per gli investitori di entrambi i fondi.

Obbligazioni societarie o titoli di stato?

Le obbligazioni societarie hanno dimostrato di essere più redditizie dei titoli di stato per diversi periodi della storia.

I rendimenti aggiuntivi sono dovuti principalmente al fatto che comportano un rischio maggiore. Quindi questo non è coerente con le informazioni contenute nelle informazioni essenziali per gli investitori IEAC e IEGA. Le obbligazioni societarie sono un po' più simili alle azioni di quanto non lo siano i titoli di stato.

Questo può indurre qualcuno ad abbandonare le obbligazioni societarie e ad investire

esclusivamente in titoli di stato per la parte
obbligazionaria del proprio portafoglio.

Obbligazioni a diffusione globale coperte dall'euro

Vanguard sostiene le obbligazioni diversificate
a livello globale **con copertura** in euro per gli
europei. Questa visione si basa su una
combinazione di circa il 20% di obbligazioni
societarie e l'80% di titoli di stato e altri prestiti
per lo più garantiti dai governi. Le conclusioni
si applicano anche alle obbligazioni
governative al 100%.

Un investimento in obbligazioni globali ti dà
accesso a una gamma più ampia di prestiti,
mercati, economie e ambienti inflazionistici.
Con questo, hai più diversificazione e hai un
portafoglio più stabile.

Fondamentalmente, dovete escludere le
fluttuazioni di valuta coprendo la valuta del
vostro paese.

Vanguard mostra che le obbligazioni globali
coperte dall'euro mostrano una volatilità
significativamente minore rispetto alle
obbligazioni europee nel periodo 1988-2017.

Investire in obbligazioni a livello globale dà anche circa 4 volte più diversificazione che investire solo in Europa.

Un altro aspetto importante è che c'è una correlazione abbastanza bassa tra i rendimenti dei titoli di stato tra i paesi del mondo negli ultimi 50 anni. Se i tassi d'interesse salgono in un posto, possono anche scendere in un altro. Di conseguenza, quando si distribuiscono i titoli di stato a livello globale, si ottiene un portafoglio di obbligazioni più stabile.

Solo i titoli di stato europei esclusivamente, si corre un rischio politico. Dei titoli di stato europei in IEGA, circa il 22% è italiano e il 14% è spagnolo. Entrambi i paesi hanno rischi politici che non tutti vogliono vedere rappresentati nella loro parte di obbligazioni stabili del loro portafoglio di investimento.

Investendo globalmente in obbligazioni governative coperte dall'euro, si diffonde il rischio.

Xtrackers II Global Government Bond UCITS ETF (DBZB)

È disponibile un fondo obbligazionario globale diversificato che investe in titoli di stato di qualità almeno investment grade, è coperto dall'euro e detiene fisicamente le obbligazioni nel fondo.

Questo è l'Xtrackers II Global Government Bond UCITS ETF (ticker: DBZB, codice ISIN: LU0378818131).

Questo fondo è recentemente passato dalla replica sintetica alla replica fisica.

Comprare azioni - come fare?

Le azioni e le obbligazioni sono esempi dei cosiddetti titoli. Si possono comprare o vendere molte azioni e obbligazioni in una borsa valori.

Per fare questo, l'azione o l'obbligazione deve essere quotata in quella borsa. Tra le borse valori più conosciute c'è la Borsa di New York.

Un'azione o un'obbligazione è quotata in borsa a un certo prezzo. Questo è l'importo per il quale si può comprare o vendere l'azione. Se l'azienda aumenta di valore, lo vedrai riflesso nel prezzo delle azioni, per esempio.

Il trading nelle borse oggi si fa per lo più elettronicamente e digitalmente. Non c'è bisogno di viaggiare a New York per iniziare a investire lì.

Investire nel mercato azionario si può fare attraverso un cosiddetto **broker**.

Cos'è un broker?

Un broker è un agente di cambio e può riferirsi sia a una persona che a una società. La persona è quella che commercia in prima persona, l'azienda è la parte che impiega i commercianti. Quando si tratta di un trader in una borsa valori si parla anche di un agente di cambio.

Attraverso un broker puoi comprare e vendere azioni, obbligazioni, opzioni e simili sul mercato azionario come individuo. La banca presso la quale si è domiciliati di solito svolge anche questo ruolo. Oggi ci sono sempre più aziende che non sono banche ma offrono questi servizi. Queste spesso lavorano esclusivamente online. Un esempio di questo è DEGIRO.

Un broker lavora sempre per conto di altri. Non può negoziare in borsa per conto proprio. Prende ordini da altre parti come clienti privati e da investitori istituzionali come i fondi pensione. Ottiene il suo reddito dalla commissione sulle transazioni.

Iniziare a investire - quali azioni comprare?

Quando iniziate a investire in azioni o obbligazioni, potete farlo in azioni o obbligazioni individuali. Dovrai poi decidere quale azienda o quali aziende scegliere.

Per esempio, si può comprare una quota libera di Apple.

Tuttavia, è praticamente impossibile scegliere azioni vincenti. Se il mercato si aspetta che un'azione o un settore faccia relativamente bene, allora questo è già stato calcolato nel prezzo dell'azione in quel momento. E ci sono molti aspetti imprevedibili che possono influenzare il prezzo, rendendo per lo più una scommessa quale azione farà bene.

I rendimenti più alti sono raggiunti in particolare da coloro che investono semplicemente ben diversificati a basso costo. Preferibilmente con uno spread globale, in modo da essere minimamente dipendenti dagli alti e bassi regionali, per esempio a seguito di sviluppi politici.

Investire in fondi indicizzati o ETF

Quando si inizia a investire, si può anche scegliere di investire in migliaia di aziende in una sola volta. Non hai bisogno di una grande somma di denaro per questo. Puoi farlo con poche decine di euro.

Puoi farlo semplicemente comprando un fondo comune che includa molti titoli. Un **fondo indicizzato** o **ETF** è un esempio di questo.

Qual è la differenza tra un fondo indicizzato e un ETF?

I termini ETF e fondo indicizzato sono spesso usati per lo stesso tipo di fondo. Ufficialmente, ci sono differenze tra un fondo indicizzato e un ETF. Un fondo indicizzato può essere scambiato una volta al giorno. Il prezzo è determinato sulla base del Net Asset Value (NAV) alla fine del giorno di negoziazione.

L'acronimo ETF sta per Exchange Traded Fund, ovvero un fondo che viene scambiato sul mercato azionario. Un ETF può essere scambiato durante tutta la giornata di trading. Il prezzo è determinato sulla base di un prezzo di domanda e di offerta.

Esempi di fondi indicizzati

Un indice di riferimento è il ben noto indice S&P500. Contiene le 500 aziende più grandi degli Stati Uniti. L'andamento di questo indice negli ultimi decenni si presenta così: Nel breve termine mostra notevoli fluttuazioni, nel lungo termine un aumento costante.

Ci sono anche indici in cui sono rappresentate tutte le più grandi aziende del mondo. Un fondo indicizzato o ETF che segue un tale indice contiene quindi azioni di migliaia di aziende.

Un ottimo esempio è il Vanguard FTSE All-World UCITS ETF (**VWRL**). Questo ti permette di investire in più di 3.000 delle società di maggior successo del mondo attraverso un solo fondo.

Vantaggi dei fondi indicizzati

Un vantaggio di investire in fondi indicizzati o ETF è che si può facilmente ottenere un investimento ben diversificato a basso costo. Una buona diversificazione è necessaria per minimizzare il rischio.

Se una società si comporta male e tu hai delle azioni in essa, puoi soffrire molto. Quando quell'azienda è nel tuo fondo indicizzato insieme a migliaia di altre, difficilmente ti colpisce.

Un altro vantaggio di investire in fondi indicizzati è che non è più necessario capire i mercati e le aziende per iniziare a investire.

Un altro grande vantaggio di detenere un fondo indicizzato è che le società con scarso rendimento nell'indice sono automaticamente sostituite da quelle con un buon rendimento. Quindi non devi fare nulla da solo.

L'ultimo vantaggio è il basso costo che i fondi indicizzati portano. I bassi costi sono necessari per ottenere un buon rendimento dai vostri investimenti. L'acquisto di azioni sciolte è quasi sempre più costoso dell'acquisto di un fondo indicizzato a causa dei maggiori costi di transazione.

Popolarità dei fondi indicizzati e degli ETF

Negli Stati Uniti, i fondi indicizzati e gli ETF sono popolari da tempo. Anche in Europa sono aumentati negli ultimi anni. In tutto il mondo, più di **7.700 miliardi di dollari** sono ora investiti in fondi indicizzati ed ETF.

Fornitori di fondi indicizzati e ETF

I fondi indicizzati e gli ETF sono offerti dalle cosiddette case di fondi. **Vanguard** è uno dei più grandi fornitori di fondi indicizzati ed ETF nel mondo con un patrimonio investito di 6.200 miliardi di dollari. **iShares** e **Xtrackers** sono anche fornitori molto conosciuti.

Vanguard è anche la casa di fondi che sta crescendo più velocemente nel mondo. Secondo le **stime**, gli afflussi nei fondi Vanguard nel recente passato sono stati di 289 miliardi di dollari in un anno.

Un'eccellente combinazione di un ETF azionario e un ETF obbligazionario è il già citato fondo di Vanguard e inoltre 1 ETF obbligazionario di Xtrackers:

100% di obbligazioni governative in tutto il mondo con il rischio valutario coperto sull'euro: Xtrackers II Global Government Bond UCITS ETF (**DBZB**)

Investendo in questo modo, difficilmente sarete influenzati dalla cattiva performance di una singola azienda. Con questo portafoglio si può afferrare una media del 6-7% di rendimento netto per un certo numero di anni (naturalmente, questa non è una garanzia).

Ora spiegheremo perché può essere saggio avere un fondo indicizzato obbligazionario nel tuo portafoglio oltre a un fondo indicizzato azionario.

In parte obbligazioni?

Durante la crisi del 2008, molti investitori hanno imparato a mettere una parte significativa dei loro investimenti in **obbligazioni, al** fine di mantenere la pace della mente durante un forte calo del mercato azionario.

Come suggerito prima, puoi mantenere la tua età come percentuale di obbligazioni per il tuo portafoglio.

La persona X detiene un 75% fisso di azioni /
25% di obbligazioni. Il rapporto tra azioni e
obbligazioni è determinato principalmente
dalla tua personale tolleranza al rischio. Cioè,
quanto bene si può resistere a improvvisi e
forti cali di prezzo senza uscire dal mercato.

Una volta che la distribuzione azioni-
obbligazioni in un portafoglio si discosta più
del 5% da una distribuzione desiderata, si può
scegliere di riequilibrarlo alla distribuzione
desiderata.

I defunti sono i migliori investitori

Il buy and hold senza market timing è davvero
una strategia così collaudata? Fidelity ha
esaminato quali conti d'investimento hanno
avuto le migliori performance durante il
periodo 2003 - 2013, compresa la crisi del
2008. I risultati:

1. Il defunto
2. Le persone che avevano dimenticato di
   avere un conto di investimento

Altre forme di investimento

Investire in conti di risparmio e attraverso depositi

Puoi mettere via dei soldi a un tasso d'interesse fisso per un periodo fisso in un conto di risparmio. Questo è relativamente sicuro, ma dà relativamente poco rendimento.

Investire nel settore immobiliare

Investire nel settore immobiliare può essere fatto, per esempio, acquistando una casa e iniziando ad affittarla. Questo richiede la necessaria conoscenza del mercato per avere successo.

Inoltre, attraverso questo metodo di investimento immobiliare, si ha relativamente poca diversificazione e quindi si corre un rischio relativamente alto.

Puoi anche investire tramite broker in fondi che investono in immobili per te. Questo vi permette di ottenere una diversificazione molto maggiore. I cosiddetti REIT ne sono un esempio.

Investire in REITs per la diversificazione

In particolare, i principali vantaggi dei REIT (*Real Estate Investment Trusts*) sono la diversificazione che forniscono in un portafoglio e la protezione dall'inflazione.

La diversificazione del portafoglio è una buona cosa. Si può scegliere di guardare oltre le azioni e le obbligazioni. Ma di tanto in tanto, la volatilità di alcuni *hard asset*, come gli immobili e le materie prime, gioca al rialzo. Questo tipo di rialzo a breve termine solleva immediatamente domande su rischio e rendimento.

I vantaggi dei REIT sono principalmente nella diversificazione che offrono e nella protezione dall'inflazione. Queste sono caratteristiche più importanti dei rendimenti eccezionali a breve termine. Grazie all'offerta globale dei REIT, gli investitori possono ora investire in immobili commerciali in modo liquido.

Se l'anno scorso le azioni americane sono andate eccezionalmente bene, quest'anno si sta dimostrando molto più difficile. Ma i REIT hanno iniziato a volare. Solo negli ultimi tre mesi, il Vanguard REIT ETF ha fornito un rendimento del 9%.

I REIT, *Real Estate Investment Trusts*, sono fondi che traggono il loro reddito da investimenti immobiliari. Sono quotati in borsa e scambiati come azioni. Offrono agli investitori privati l'opportunità di investire in immobili commerciali. Le proprietà di investimento possono anche fornire una certa protezione contro l'inflazione, poiché il reddito da locazione aumenta in tempi di inflazione, così come il valore della proprietà.

Alcuni investitori optano per investimenti immobiliari diversificati a livello internazionale. Un vantaggio è lo spread e la bassa correlazione con il resto del portafoglio e persino con la propria casa.

A lungo termine, i REIT e le azioni offrono rendimenti equivalenti. Dal 1990 al 2014, il rendimento annualizzato dell'indice S&P Global REIT è stato dell'8,94%. Nello stesso periodo, l'S&P 500 ha fornito il 9,26% e l'indice MSCI ALl Country World il 6,75% annualizzato.

In quel periodo di 25 anni, la correlazione tra l'indice REIT e lo S&P 500 è stata di 0,61. Con le *obbligazioni investment grade*, la correlazione è molto bassa, fino al negativo. Se si collegano classi di attività con bassa correlazione, si riduce così la volatilità del portafoglio. Se investite in REITs oltre alle azioni e alle obbligazioni, aumentate il rendimento corretto per il rischio del vostro portafoglio.

Investire attraverso il crowdfunding

Il crowdfunding è un modo di investire in cui si presta denaro a un gruppo di persone, su cui poi si ricevono interessi. Investire nel crowdfunding è generalmente più rischioso che investire in fondi indicizzati perché si ha molta meno diversificazione.

Investire in oro

Investire in oro, come investire in argento, è popolare in tempi di turbolenze economiche e politiche. L'oro è quindi considerato da molti un rifugio sicuro.

Investire in oro è relativamente facile acquistando un fondo che investe in oro per te. Un esempio noto è WisdomTree Physical Gold (ISIN: JE00B1VS3770). Può essere acquistato o venduto in qualsiasi momento della giornata durante l'orario di apertura della borsa.

A lungo termine, investire in azioni rende generalmente di più che investire in oro.

Investire in criptovalute

Investire in criptovalute, come investire in **bitcoin**, è visto da alcuni come responsabile e da altri come una speculazione irresponsabile.

Investire in criptovalute comporta rischi relativamente alti; i prezzi sono soggetti a grandi fluttuazioni.

Investimento sostenibile

L'investimento sostenibile è in piena espansione. Tuttavia, ci sono alcuni punti che devono essere presi in considerazione.

ETF sostenibili: categorie

All'interno degli ETF sostenibili, ci sono diverse categorie.

- Fondi ESG
- Fondi SRI
- Investimenti a impatto.

Investimenti sostenibili con criteri ESG

Cosa sono i criteri ESG?

I criteri ESG sono standard di condotta aziendale nelle aree (E = Ambiente), (S = Sociale) e (G = Governance) che gli investitori possono utilizzare per selezionare potenziali investimenti. L'obiettivo principale di una valutazione ESG è quello di determinare l'impatto dei criteri ESG sulla performance finanziaria.

L'impatto sulla sostenibilità non è fondamentale.

Differenze tra gli ETF ESG

Quando due ETF hanno entrambi il termine ESG nel loro nome, non significa che siano composti utilizzando gli stessi criteri ESG.

Attualmente c'è una grandissima macchina di marketing al lavoro nell'angolo sostenibile dell'industria finanziaria. Negli Stati Uniti oggi, gli ETF ordinari, non ESG, spesso costano già solo lo 0,02% circa di commissioni all'anno (lo 0% è addirittura comune). Le alternative ESG sono spesso commercializzate a tassi circa 10 volte superiori.

Agenzie di rating ESG

In primo luogo, ci sono diverse aziende che creano criteri ESG e indici ESG, che gli ETF poi tracciano. Queste società sono chiamate agenzie di rating ESG. I criteri ESG utilizzati da ogni agenzia di rating ESG sono diversi, e gli interessi commerciali dell'agenzia e del fondo valutato possono giocare un ruolo.

A volte si denuncia la mancanza di convergenza e la (a volte) pessima trasparenza delle valutazioni e delle classifiche ESG.

Nota: laddove MSCI assegna a una società un punteggio ESG elevato, la stessa società può ottenere un punteggio molto inferiore alla media in Sustainalytics. Inoltre, le grandi aziende spesso ottengono un punteggio ESG più alto di quelle più piccole, semplicemente perché hanno la capacità di riferire meglio.

Vuoi saperne di più sulla classifica delle agenzie di rating ESG?

Visita questo sito:
https://www.sustainability.com//thinking/rate-the-raters-2020/

Indici ESG

Le agenzie di rating ESG creano gli indici che gli ETF tracciano. Oltre al fatto che ci sono diverse agenzie di rating ESG, ognuna di queste agenzie di rating ESG ha quasi sempre una gamma di diversi indici ESG tra cui le case di fondi possono scegliere. Una delle più note agenzie di rating, MSCI, ha già più di 1.000 (!) indici ESG disponibili.

Di conseguenza, è estremamente difficile confrontare gli ETF ESG tra di loro.

Principio di selezione ESG

Un fondo indice ESG di solito fa una selezione di aziende che, per settore, ottengono il miglior punteggio sui criteri ESG. Può darsi che nella selezione siano incluse società che ottengono un buon punteggio su S e G ma non su E.

La maggior parte dei fondi ESG seleziona le aziende più sostenibili per settore e quindi non esclude i settori. Questo è il motivo per cui si vedono ancora compagnie petrolifere/gas negli ETF ESG.

In termini di impatto sulla sostenibilità, si potrebbero vedere i criteri ESG come una forma leggera di screening.

Investimenti sostenibili con criteri ISR

Cosa sono i criteri SRI? SRI sta per Socially Responsible Investing, o investimento socialmente responsabile. Questo va un passo avanti rispetto all'ESG, eliminando o selezionando attivamente gli investimenti in base a specifiche linee guida etiche. I criteri ISR utilizzati possono variare enormemente da fondo a fondo.

Investimento sostenibile attraverso l'investimento a impatto

Con l'impact investing, un impatto positivo dell'investimento ha la precedenza su un risultato positivo dell'investimento. Investire in un'organizzazione non profit dedicata alla ricerca e allo sviluppo di energia pulita, indipendentemente dal fatto che il successo sia garantito, è un esempio.

Soddisfare gli obiettivi di sviluppo sostenibile delle Nazioni Unite è anche usato a volte come criterio di selezione nell'impact investing.

Impatto sulla sostenibilità

Se volete contribuire a un mondo più sostenibile con i vostri investimenti in fondi indicizzati, allora, in parole povere, ci sono 2 strade:

1. Si investe in fondi indicizzati sostenibili.
2. Investite in fondi indicizzati regolari e mettete i rendimenti dei vostri investimenti per finanziare obiettivi sostenibili al di fuori dei vostri investimenti.

Performance dei fondi sostenibili

Non sembra esserci un vero consenso sul fatto che i fondi sostenibili si comportino meglio o peggio dei fondi non sostenibili.

Gli studi dimostrano che l'impact investing, che come detto è un esempio di SRI, di solito non è il modo più efficiente per avere un impatto positivo con il proprio denaro. Secondo questa ricerca, potete aumentare significativamente il vostro impatto sulle cause sostenibili passando dall'impact investing all'investimento regolare con l'obiettivo di donare agli enti di beneficenza o donando già il vostro denaro direttamente agli enti di beneficenza.

In breve, quando si investe in ETF, è importante rendersi conto che la performance degli ETF sostenibili può differire sostanzialmente dagli ETF convenzionali non sostenibili.

Scegliere ETF sostenibili o non sostenibili

È molto personale la scelta più adatta a voi. Per esempio, se per motivi morali semplicemente non vuoi investire in aziende che non operano in modo sostenibile, allora la tua scelta cadrà sugli ETF sostenibili.

Puoi scegliere di utilizzare parte dei proventi dei tuoi investimenti per sostenere iniziative sostenibili o sociali senza che il guadagno finanziario sia un fattore per me.

Inoltre, si può vivere consapevolmente e in modo sostenibile su diversi fronti, come **guidare poco e silenziosamente**, sostituire i vestiti solo **quando sono consumati** e usare energia da un **fornitore sostenibile**.

Investimento sostenibile: quali fondi scegliere?

Quando si sceglie un ETF sostenibile, la cosa principale da considerare è quali industrie o settori si vogliono escludere. Più industrie escludi, più il tuo profilo diventa sostenibile. E più la performance finanziaria del tuo fondo sarà probabilmente diversa da quella di un ETF di investimento diversificato globale senza un focus specifico sulle sole aziende sostenibili.

Praticamente tutti gli ETF sostenibili escludono le industrie del tabacco, delle armi controverse, del sesso e del gioco d'azzardo per cominciare, così come le aziende che hanno commesso gravi abusi dei diritti umani negli ultimi anni. I fondi ESG di screening più leggeri di solito non escludono ancora l'industria petrolifera.

Normalmente, ci sono 6 criteri che un ETF deve soddisfare per essere valutato come buono, come spiegato in precedenza in questo libro.

Uno di questi criteri è che un fondo deve essere di dimensioni sufficienti. Questo lo rende più efficiente e quindi più economico. Lo rende anche più facile da negoziare (più "liquido"), il che riduce lo **spread** durante l'acquisto e la vendita. E rende anche più probabile che il fondo continui ad essere stabile.

Poiché molti ETF sostenibili esistono solo da un tempo relativamente breve, sono regolarmente molto piccoli.

Mercati sviluppati ed emergenti

Esiste una suddivisione degli ETF sostenibili che tracciano un indice per i mercati sviluppati (MSCI o FTSE World Index) e per i mercati emergenti (MSCI Emerging Markets). In effetti, gli ETF sostenibili sono quasi tutti suddivisi in questa suddivisione geografica.

L'indice MSCI o FTSE World non include i paesi emergenti (mercati emergenti), come la Cina. Se vuoi essere diversificato a livello globale, hai bisogno di circa l'88% di un ETF sostenibile dei mercati sviluppati e circa il 12% di un ETF sostenibile dei mercati emergenti nel tuo portafoglio. Queste percentuali possono cambiare nel tempo.

ETF sostenibili: i migliori fondi?

Cosa bisogna cercare quando si sceglie un ETF sostenibile? Quali sono i migliori ETF sostenibili?

L'investimento sostenibile è in aumento. I millennial in particolare vogliono investire in modo sostenibile, in contrasto con gli investitori un po' più anziani. Come esempio gli Stati Uniti: gli investitori un po' più anziani lì ora possiedono ancora circa il 70% del patrimonio liberamente disponibile.

Ma nei prossimi decenni, erediteranno tutto questo, per un valore di circa 30 trilioni di dollari, in particolare ai millennials di oggi. Questo è **uno dei più grandi spostamenti di ricchezza** nella storia.

Quindi, cosa si dovrebbe cercare negli investimenti sostenibili attraverso gli ETF?

Maggiori informazioni su un fondo

Se cercate su internet il codice ISIN dalle panoramiche di cui sopra in combinazione con la parola "fact sheet", di solito troverete immediatamente una panoramica delle caratteristiche del fondo.

Costo dei fondi indicizzati

Poiché i fondi sono così diversi nella composizione, confrontarli sul costo non ha molto senso. Ciò che conta alla fine è la performance dopo che tutti i costi sono stati dedotti. Queste sono fortemente influenzate dalla composizione degli ETF.

Tuttavia, tutti gli ETF menzionati sopra hanno costi relativamente bassi. Inoltre, i fondi Northern Trust, i fondi Actiam e il Vanguard SRI FTSE Developed World II Common Contractual Fund sono i meno colpiti dal **dividend leakage** grazie al loro speciale status fiscale.

Rischi di investire in azioni

Molte persone hanno paura di investire in azioni e vedono il rischio. Ma risparmiando invece di investire, si potrebbe fare molto più male di quanto si pensi.

Quali sono i rischi dell'investimento in azioni, come si possono ridurre, e cosa rendono l'investimento e il risparmio?

A breve termine, le azioni possono cadere o aumentare molto di valore. Di seguito discutiamo alcuni dei rischi associati all'investimento in azioni.

Cos'è il rischio di prezzo?

Il rischio di prezzo è il rischio che le azioni di una società valgano meno con il deterioramento delle condizioni economiche generali.

Questo è anche conosciuto come rischio di mercato. Per esempio, un deterioramento del mercato può far sì che una società pubblichi risultati peggiori. Di conseguenza, le azioni di quella società potrebbero valere meno.

Cos'è il rischio valutario?

Il rischio valutario è il rischio che si corre quando si investe in una valuta diversa dall'euro.

Se hai intenzione di investire in azioni puoi farlo in diverse valute. Le più comuni sono l'euro e il dollaro.

Se vuoi liberare denaro dagli investimenti in dollari devi fare i conti con il tasso di cambio della valuta con cui stai agendo. Il rischio di un deprezzamento della valuta si chiama rischio valutario.

Cos'è il rischio di tasso d'interesse?

Il rischio di tasso di interesse è il rischio che il valore degli investimenti diminuisca se i tassi di interesse di mercato aumentano.

L'opposto può accadere quando i tassi di interesse di mercato scendono. In Europa, la BCE ha mantenuto i tassi di interesse bassi, persino negativi, negli ultimi anni. Questo ha contribuito a far sì che per gli europei i prezzi delle azioni siano aumentati notevolmente. Il tasso d'interesse più basso si è tradotto in costi d'interesse più bassi per le aziende. Questo incoraggia le aziende a investire e può aumentare i profitti.

Cos'è il rischio di credito?

Il rischio di credito è il rischio che la società in cui si investe rimanga senza soldi per soddisfare i suoi obblighi.

Questo significa, per esempio, che nessun dividendo sarà pagato sul vostro investimento azionario. O nel caso estremo che la società fallisca e le vostre azioni non valgano nulla.

Cos'è il rischio di liquidità?

Il rischio di liquidità è il rischio che non possiate negoziare le vostre azioni sul mercato azionario, o che possiate farlo solo con difficoltà e a un prezzo sfavorevole. I vostri investimenti non sono quindi "liquidi".

Se non fai molto trading nel mercato azionario ma investi a lungo termine, non dovrai affrontare facilmente questo rischio.

Le azioni possono diventare di valore negativo?

No, le azioni non possono mai diventare di valore negativo. Se una società fallisce in cui lei possiede delle azioni, nel caso estremo il suo investimento può diventare senza valore. Ma non dovrete mai pagare un extra in un caso del genere.

Cos'è il rischio di ritenzione?

Il rischio di custodia è il rischio che qualcosa vada storto nella custodia delle tue azioni da parte della tua banca o broker.

Le vostre azioni saranno tenute per voi dalla vostra banca o broker. Le banche e i broker sono tenuti a tenere i beni investiti dei loro clienti separati dai loro propri beni. In questo modo, i vostri beni rimarranno vostri nel caso improbabile che la banca o il broker falliscano.

Se qualcosa va storto con questa custodia, lo **schema di compensazione dell'investitore** è lì per risarcirti fino a 20.000 euro di patrimonio investito per banca o broker. Ma in casi estremi, un rischio può rimanere, per esempio se hai investito più di 20.000 euro attraverso una parte e, contro tutte le regole, qualcosa va storto.

Cos'è il rischio di controparte?

Se detenete un fondo comune composto da azioni individuali, la vostra banca o broker deve detenere quel fondo separatamente per voi, proprio come le azioni individuali. Le azioni sottostanti del fondo sono poi tenute in custodia o messe in custodia dall'emittente del fondo stesso. In quest'ultimo caso, la casa del fondo corre il cosiddetto rischio di controparte.

Il rischio di controparte è il rischio che la controparte, alla quale il fondo comune ha affidato la custodia delle azioni sottostanti, non possa soddisfare i suoi obblighi.

Ci sono tutti i tipi di regole severe anche per questo, ma non si ha mai la certezza al 100% che tutto andrà bene alla fine.

Che cosa rendono i risparmi e gli investimenti?

I risparmi sembrano un modo stabile di tenere il tuo denaro. Ma i risparmi al giorno d'oggi in molti paesi sono garantiti per darvi un sostanziale rendimento negativo.

Al giorno d'oggi, i risparmi rendono al massimo qualche decimo di punto percentuale d'interesse all'anno se li si tiene in un deposito per un periodo più lungo. I risparmi liberamente ritirabili di solito non producono più interessi.

Se poi si include un tasso di inflazione medio del 2-3% all'anno e forse anche la **tassa sui guadagni di capitale dello 0,59-1,76%**, si arriva presto al 4% di rendimento negativo all'anno. Con il 4% di rendimento negativo all'anno, mettete 1.000 euro ora e vi rimarranno in effetti solo 442 euro tra 20 anni.

A breve termine, le azioni possono cadere bruscamente in valore o salire. I rendimenti possono fluttuare ampiamente nel breve termine, ma aumentare costantemente nel lungo termine.

Le fluttuazioni a breve termine rendono le azioni come un investimento a breve termine rischioso. Pertanto, la regola generale è spesso quella di mantenere il denaro che si vuole investire in azioni investito in esso per almeno 5-10 anni.

Investire in azioni storicamente rende **quasi il 10% all'**anno. Sottraete il 4% per l'inflazione e la tassa sulle plusvalenze e vi rimane un rendimento positivo del 6% all'anno.

Con un rendimento positivo del 6% all'anno, mettete 1.000 euro ora e avrete 3.207 euro in

20 anni. Questa è una bella differenza rispetto ai 442 euro dopo 20 anni di risparmio.

Nessuno può darvi la certezza di come i prezzi delle azioni si svilupperanno in futuro. Ci sarà sempre il rischio di perdere (una parte) del tuo investimento. Ma cosa puoi fare per limitare i rischi dell'investimento in azioni?

Limitare il rischio investendo in azioni

La cosa più importante che puoi fare è distribuire i tuoi investimenti su molte aziende e paesi. Così si riduce considerevolmente la maggior parte dei rischi. Questo può essere fatto molto facilmente al giorno d'oggi attraverso i cosiddetti **ETF** o **fondi indicizzati**.

Attraverso un unico buon ETF come **VWRL o VWCE** (Vanguard FTSE All-World UCITS ETF) o alcuni buoni fondi indicizzati come quelli di **Northern Trust**, investite in migliaia di società a livello globale. In questo modo, vi sparpagliate tra le società e le regioni e riducete così l'impatto sul vostro risultato d'investimento di alcune società o paesi sottoperformanti.

Quando si diffondono gli investimenti in ETF attraverso alcune case di fondi, si abbassa il rischio di custodia associato al fondo. Si potrebbe poi distribuire anche tra le banche e i broker, perché parte del rischio di custodia è quello di abbassarlo.

Riequilibrio per il massimo rendimento dell'investimento

Il riequilibrio può aiutarvi a ottenere il massimo rendimento dell'investimento con il minimo rischio.

Per essere un investitore di successo devi comprare basso e vendere alto. Gli investitori che sono guidati dalle emozioni spesso fanno esattamente il contrario. Comprano quando il mercato sale da un po' e vendono quando il mercato scende da un po'.

Il riequilibrio ti permette di non lasciare che le emozioni abbiano la meglio su di te e di comprare basso e vendere alto.

Cos'è il riequilibrio?

Il riequilibrio consiste nel ripristinare il mix di investimenti target del vostro portafoglio di investimenti quando il mix di investimenti attuale non è più lo stesso del mix di investimenti target.

Un portafoglio d'investimento ha un certo mix d'investimento tra diversi fondi, per esempio, azioni e obbligazioni.

Poiché gli investimenti azionari e obbligazionari non crescono allo stesso ritmo, il mix di investimenti può iniziare a deviare dal mix di investimenti previsto. Questo può essere corretto da un riequilibrio.

Il ribilanciamento permette di ridurre il rischio del portafoglio e di approfittare del fenomeno dell'inversione media.

Inversione media

La teoria dell'inversione media suggerisce che, prima o poi, i rendimenti azionari ritornano ai loro rendimenti medi. L'indice S&P500 ha avuto un rendimento medio del 10% all'anno tra il 1928 e il 2014. Ma alcuni mesi o anni questo ritorno è stato molto più alto o più basso della media.

Quindi, se abbiamo mesi o anni di prestazioni superiori alla media, è probabile che siano seguiti da mesi o anni di prestazioni inferiori alla media. Lo stesso vale al contrario. I rendimenti tornano alla loro media.

Tempismo di mercato

Ci sono molti investitori che pensano di poter prevedere quando i prezzi scenderanno o saliranno. Questo si chiama market timing. Gli investitori che cercano di cronometrare il mercato tendono a minare i loro rendimenti. Di solito comprano quando i prezzi stanno già salendo. E vendono, spesso anche in preda al panico, quando i prezzi stanno già scendendo. Questo è letale per i tuoi rendimenti.

Market timing e l'indice S&P500

Il rendimento dell'indice S&P 500 più famoso del mondo nel periodo 1996-2010 è stato determinato da soli 10 giorni, che non possono essere previsti in anticipo. Se non aveste investito nei 10 giorni con i maggiori aumenti di prezzo, il vostro rendimento non sarebbe stato la media del 6,7% all'anno, ma solo l'1,88%. Se non aveste investito nei 60 giorni migliori del mercato azionario, avreste addirittura avuto un rendimento negativo. Quei singoli giorni di grandi rialzi e ribassi dei prezzi non sono prevedibili.

Quanto e quanto spesso riequilibrare?

Diciamo che avete il 50% del valore del vostro portafoglio investito in azioni e il 50% in obbligazioni, esattamente come volete che sia diviso. Se i prezzi delle azioni salgono un po' adesso, puoi, per esempio, avere il 51% del valore del tuo portafoglio in azioni e il 49% in obbligazioni. In questo modo non dovrete riequilibrare immediatamente. I costi di transazione possono quindi pesare relativamente sul vostro rendimento.

Riequilibrio annuale

Forse il modo più semplice per evitare un eccessivo riequilibrio è quello di riequilibrare annualmente. È un metodo molto semplice, ma lo svantaggio è che in quel periodo molto può cambiare nei mercati volatili di oggi.

Riequilibrio delle soglie

Un'alternativa è quella di riequilibrare quando la distribuzione differisce dalla distribuzione desiderata di più di, diciamo, 5%. Nel nostro portafoglio 50-50, questo significa che dovresti riequilibrare quando il valore della quota di azioni o obbligazioni costituisce più del 55% del tuo portafoglio. Il 5% è spesso raccomandato come soglia.

Riequilibrio all'inserimento

Puoi investire mensilmente quando ti viene pagato lo stipendio. In quel momento puoi farlo con il fondo che ha avuto la performance peggiore.

Anche questo è riequilibrare un po'. Comprare contro il sentimento, cioè quel fondo che ha la performance peggiore. Ma è esattamente quello che devi fare dal punto di vista dell'inversione media. Con questo, si compra sempre relativamente basso.

Ricordate che i mercati in rialzo non durano per sempre e l'inversione media è molto potente. I mercati in movimento richiedono un riequilibrio. E il tuo successo a lungo termine sarà determinato dalla disciplina, dal controllo del rischio e dall'acquisto basso / vendita alta.

Rischi generali di investimento

Con un investimento in azioni, si corre più rischio a breve termine che con un investimento in obbligazioni. Le azioni possono improvvisamente calare di valore di decine di punti percentuali. Le obbligazioni fluttuano molto meno in valore e quindi forniscono stabilità e sicurezza. A lungo termine, tuttavia, le azioni forniscono un rendimento maggiore per il rischio assunto.

La proporzione in cui si includono le azioni e le obbligazioni nel proprio portafoglio è determinata principalmente da quanto tempo si vuole tenere gli investimenti (il proprio orizzonte d'investimento) e la propria propensione al rischio.

Il vostro orizzonte d'investimento determina quanto rischio potete correre. Più lungo è il tuo orizzonte d'investimento, più rischio puoi correre.

Ma non si tratta solo del rischio che si può correre, ma anche di quanto rischio si è disposti a correre. In altre parole, qual è la massima perdita accettabile in cattive condizioni di mercato azionario che potete correre senza vendere azioni nel panico. Questo si chiama la vostra propensione al rischio.

Per un principiante è probabilmente saggio correre un po' meno rischi che per un investitore avanzato. Dopo tutto, un principiante non sa ancora come reagirà a un forte calo del mercato azionario. Come menzionato, il trucco è di non vendere i vostri investimenti. Dovete, al contrario, vendere obbligazioni e comprare altre azioni in modo da poter tornare al rapporto azioni/obbligazioni prestabilito.

John Bogle, uno dei fondatori di Vanguard, usava la regola empirica che si dovrebbero avere tante obbligazioni nel portafoglio quante sono le età. Così qualcuno che ha 30 anni dovrebbe avere il 30% di obbligazioni nel suo portafoglio.

Inserimento e riequilibrio automatico

Se trovi noioso decidere da solo in cosa investire ogni mese, puoi anche farlo depositare automaticamente per te.

Rendimenti degli investimenti

Il costo dell'investimento determina in gran parte il tuo rendimento a lungo termine. Solo lo 0,1% di costi extra all'anno assicura che dopo 30 anni non perderai 30 * 0,1% = 3% di rendimento, ma il 21%! Vedi la sezione "Costi bassi" nel post **Scegliere i fondi indicizzati, 6 punti a cui prestare attenzione** per la spiegazione.

Investire oggi può essere fatto a costi straordinariamente bassi. Attraverso varie piattaforme, ad esempio, è possibile investire senza commissioni di transazione o di custodia nel già citato Vanguard FTSE All-World UCITS ETF (VWRL) diversificato a livello globale.

Qual è un buon momento per comprare azioni?

Se vuoi iniziare a investire, di solito otterrai il maggior ritorno nel lungo periodo se depositi tutto in una volta. Anche quando i mercati azionari sono apparentemente alti, di solito è più redditizio a lungo termine investire piuttosto che aspettare che il mercato azionario sia sceso.

Se avete investito, è saggio non guardare indietro. Così non sarete tentati di vendere se i prezzi scendono. E questo è il motivo principale per cui la gente fa una perdita quando investe.

Come detto prima, il trucco non è vendere durante i cali del mercato azionario ma riequilibrare. Perché dopo aver venduto si perde quasi certamente il recupero che segue sempre.

Un detto su questo è: il tempo nel mercato batte il timing del mercato.

Vendere!

Quanto sono alti i prezzi delle azioni. Devo investire ora? E poi tutto in una volta o per gradi? Non sarebbe meglio prendere i profitti ora e vendere?

Una buona strategia è il buy-and-hold combinato con un po' di ribilanciamento, indipendentemente da qualsiasi notizia. E continuare a mettere costantemente non appena il denaro è disponibile.

A lungo termine

È importante rendersi conto che si dovrebbe iniziare a investire in azioni solo se lo si fa per il lungo termine. Qualcosa come 10 anni. Il mercato azionario è così volatile che, se si investe per il breve termine, si può soffrire troppo da un temporaneo, brusco calo.

A lungo termine, la tendenza è determinata principalmente dalla crescita effettiva delle società sottostanti e meno dalla speculazione a breve termine, che è ciò che causa le violente fluttuazioni dei prezzi.

La crescita dell'economia mondiale è robusta e ha mostrato una tendenza al rialzo per molti anni. La crisi del 2008 non è stata altro che un'increspatura.

Uscita temporanea?

Se solo il timing del mercato fosse così facile, tutti lo farebbero. Infatti, cercare di cronometrare il mercato è la ragione principale per cui molte persone non sono investitori di successo.

Molti investitori esperti hanno imparato per tentativi ed errori durante la crisi del 2008 che rimanere fermi durante una crisi sarebbe stato molto meglio che uscire temporaneamente.

Il rendimento dell'indice S&P 500 più famoso del mondo nel periodo 1996-2010 è stato determinato da soli 10 giorni, che non possono essere previsti in anticipo. Se non aveste investito nell'S&P 500 durante i 10 giorni con i maggiori aumenti di prezzo, il vostro rendimento non sarebbe stato la media del 6,7% all'anno, ma solo l'1,88%. Se non avesse investito nei 60 giorni migliori del mercato azionario, avrebbe addirittura avuto un rendimento negativo.

Quei singoli giorni di grandi aumenti e diminuzioni di prezzo sono impossibili da prevedere. Quindi, comprare e tenere invece di cercare di entrare e uscire al "momento giusto" è un gioco da ragazzi.

I prezzi delle azioni non continuano a salire, vero?

Le cose non sono mai semplici come sembrano e il futuro non può mai essere previsto. Può darsi che, nonostante il mercato in rialzo degli ultimi anni, siamo in attesa di un altro potente rally del mercato azionario.

Un tale mercato in ascesa è anche chiamato **mercato toro**. Nessuno può prevederlo. Storicamente, il rialzo negli ultimi anni non è stato così spettacolare.

Nessuno può assicurare che il mercato debba scendere o salire. Però il mercato *può* continuare a salire.

Depositare una grande somma di denaro tutta in una volta o distribuirla nel tempo?

Come investitore (principiante), per limitare il rischio di perdita a causa di improvvisi cali di prezzo, puoi spalmare un singolo deposito più grande su alcuni mesi, per esempio.

Tuttavia, per gli investitori un po' più esperti, è generalmente più redditizio fare quel deposito in una volta sola direttamente.

100% di azioni?

Può essere allettante essere al 100% in azioni con i vostri investimenti in questo mercato toro. Tuttavia, l'importante è che tu riesca a mantenere la testa abbastanza fredda da non vendere in preda al panico non appena il mercato inizia a scendere in modo significativo. Prima o poi, quel calo avviene sempre.

Il trucco è non uscire. Perché questo è disastroso per i tuoi rendimenti, dato che sia uscire al momento giusto che entrare al momento giusto è praticamente impossibile. Per inciso, il mercato si riprende sempre. Ecco perché l'orizzonte a lungo termine è così importante.

Pilastri della strategia d'investimento

L'autore e l'editore di questo libro non sono consulenti professionali. Lei rimane l'unico responsabile per qualsiasi danno subito seguendo consigli o seguendo informazioni su questo sito. Le informazioni contenute in questo libro includono l'opinione personale dell'autore; non sono consigli di investimento e hanno il solo scopo di essere informativi ed educativi. Attenzione: Investire comporta dei rischi, potreste perdere il vostro deposito (in parte).

3 pilastri

1. Tenere sempre una riserva di denaro per le emergenze

2. Investire in fondi indicizzati con differimento d'imposta

3. investire d'ora in poi in alcuni fondi indicizzati diversi e in una scala di deposito attraverso vari fornitori

Conclusione

Quando si inizia a investire è importante capire cosa si sta facendo. Se non si capisce un investimento, è meglio ignorarlo.

Forse i post citati possono farvi iniziare a costruire una conoscenza di base sugli investimenti in azioni e obbligazioni. Un'attività molto probabilmente lucrativa se la si usa saggiamente!

Gergo

I termini dollar-cost averaging (DCA) e lump-sum investment (LSI): DCA significa che mettete la vostra somma di denaro in porzioni uguali distribuite nel tempo. LSI significa che mettete la vostra somma di denaro in una volta sola.

FAQ

Qual è il modo migliore per iniziare a investire?

Investire in buoni fondi indicizzati o ETF ampiamente diversificati è di solito il modo migliore.

Investire è rischioso?

A breve termine, c'è un'alta probabilità di fluttuazioni sostanziali dei prezzi. A lungo termine, la possibilità di rendimenti positivi con gli investimenti è stata storicamente molto alta. Molto maggiore che con i risparmi.

Quali categorie di ETF sostenibili esistono?

All'interno degli ETF sostenibili, ci sono diverse categorie. Ci sono i cosiddetti fondi ESG, i fondi SRI e l'impact investing.

Quali sono i migliori ETF sostenibili?

Questo varia a seconda della categoria di sostenibilità.

www.ingramcontent.com/pod-product-compliance
Lightning Source LLC
Chambersburg PA
CBHW061246140726
47998CB00006B/2109